하루 10분
손으로
쓰면서
배우는

어린이 논어 論語

공자 원저
시사정보연구원 지음

한글 + 한자 따라쓰기

시사패스
SISAPASS.COM

하루 10분 손으로 쓰면서 배우는
어린이 논어 論語
한글+한자 따라쓰기

초판 인쇄　2017년 1월 25일

원저자　　공자
지은이　　시사정보연구원
발행인　　권윤삼
발행처　　도서출판 산수야

등록번호　제1-1515호
주소　　　서울시 마포구 월드컵로 165-4
우편번호　121-826
전화　　　02-332-9655
팩스　　　02-335-0674

ISBN 978-89-8097-401-6　　73190

값은 뒤표지에 있습니다. 잘못된 책은 바꾸어 드립니다.

이 책의 모든 법적 권리는 도서출판 산수야에 있습니다.
저작권법에 의해 보호받는 저작물이므로
본사의 허락 없이 무단 전재, 복제, 전자출판 등을 금합니다.

★ 머리말

생각을 키워주고 인성을 길러주는
삶의 이치를 아우르는 지혜의 보고, 『논어』

『논어(論語)』는 공자와 그 제자들의 언행이 담긴 어록을 말해요. 유가의 입문서이자 경전 중의 경전이라 일컬어지는 논어는 공자의 제자들에 의해 세상에 나온 이후부터 오늘에 이르기까지 다양한 사람들이 가까이에 두고 읽고 또 읽으며 간직하는 책으로 존재하고 있지요. 그렇다면 공자는 어떤 삶을 살았을까요?

4대 성인 중 한 사람, 유교의 시조, 중국 최초의 민간 사상가로 노나라에서 태어난 공자는 세 살 되던 해에 아버지 숙량흘이 세상을 떠났기 때문에 어머니와 함께 생활을 했어요. 어려서부터 정성들여 제사를 지내는 어머니를 보면서 자랐기 때문에 예(禮)에 뛰어났다고 해요. 그래서 나이는 어렸지만 태도는 예를 갖춤으로써 매우 어른스럽게 보였다고 전해지고 있어요.

힘든 삶을 겪으면서 성장한 공자는 어린 나이에 겪은 생활들이 세상을 보는 안목과 통찰력을 키울 수 있는 바탕이 되어 논어가 담고 있는 깊은 울림으로 지금도 우리에게 전해지고 있어요.

> **"아는 자는 좋아하는 자만 못하고,
> 좋아하는 자는 즐기는 자만 못하다."**

여러분은 이 말을 들은 적이 있나요? 너무 유명한 말이라 알고 있을 겁니다. 그래요, 이 말을 한 사람이 바로 공자예요.

知之者는 不如好之者요 好之者는 不如樂之者니라
지지자 　　 불여호지자 　　 호지자 　　 불여락지자

　이와 같이 사람들이 즐겨 사용하는 유명한 말들이 이 책에 담겨 있어요. 이 책을 읽고 또 읽으면 여러분도 좋은 글귀들을 외우게 되고, 마음에 와 닿는 글귀들은 내 것으로 만들어서 활용하면 좋은 관계를 형성하는 데도 도움이 될 거예요.

　공자는 열다섯 살이 되자 학문에 뜻을 두어 부지런히 이치를 탐구하고 실천에 힘썼어요. 스무 살이 지나서는 이름을 떨쳐 제자들이 따르게 되었고, 3,000여 명의 제자들을 길러냈답니다. 공자를 따랐던 제자들의 숫자가 말해 주듯 공자는 인(仁)의 실천에 바탕을 둔 인격완성과 예(禮)로 표현되는 사회질서 확립을 강조했어요.

　이 책은 『사서오경(四書五經)』 중 첫 번째 책으로 꼽는 논어의 내용 중에서 어린이들에게 꼭 필요하고 중요한 것들을 가려 뽑아서 한자와 한글을 쓰면서 익힐 수 있도록 기획했답니다. 인문학의 중심이 되는 골자, 또는 요점이라고 불리는 내용들을 손으로 쓰면서 마음에 새길 수 있도록 만들었기 때문에 깊은 사고와 함께 바르고 예쁜 글씨를 익힐 수 있어요. 마음의 양식을 오랫동안 기억할 수 있도록 편집했으니 꼭 활용하여 내 것으로 만들어 보세요.

　손은 우리의 뇌와 밀접하게 연결되어 있기 때문에 글씨를 쓰면 뇌를 자극하여 뇌 발달과 뇌 건강에 도움을 준다는 연구결과가 증명하듯 손글씨는 어린이와 어른을 아울러 주목받고 있는 학습 분야이기도 하답니다. 따라 쓰기는 학습 효율을 높이는 방법으로 각광받고 있기 때문에 이 책은 학습 효율을 높이는 데 적합하도록 다양한 요소들을 배치해 두었어요. 어린이 여러분이 다양한 요소들을 활용하여 지금까지 우리에게 깊은 울림을 주고 있는 논어를 익히는 데 최선을 다하기를 바랄게요.

★ 차례

머리말 _ 03
한자의 형성 원리를 배워요 _ 06
한자 쓰기의 기본 원칙을 배워요 _ 08
어린이 논어 한글한자 따라쓰기
이렇게 활용하세요! _ 10
學而篇 학이편 _ 11
爲政篇 위정편 _ 16
里仁篇 이인편 _ 23
公冶長篇 공야장편 _ 32
雍也篇 옹야편 _ 35
述而篇 술이편 _ 39
泰佰篇 태백편 _ 42
子罕篇 자한편 _ 45
先進篇 선진편 _ 50
顔淵篇 안연편 _ 53
子路篇 자로편 _ 58
憲問篇 헌문편 _ 62
衛靈公篇 위령공편 _ 71
季氏篇 계씨편 _ 78
陽貨篇 양화편 _ 82
子張篇 자장편 _ 86

★ 한자의 형성 원리를 배워요

1. 상형문자(象形文字) : 사물의 모양과 형태를 본뜬 글자

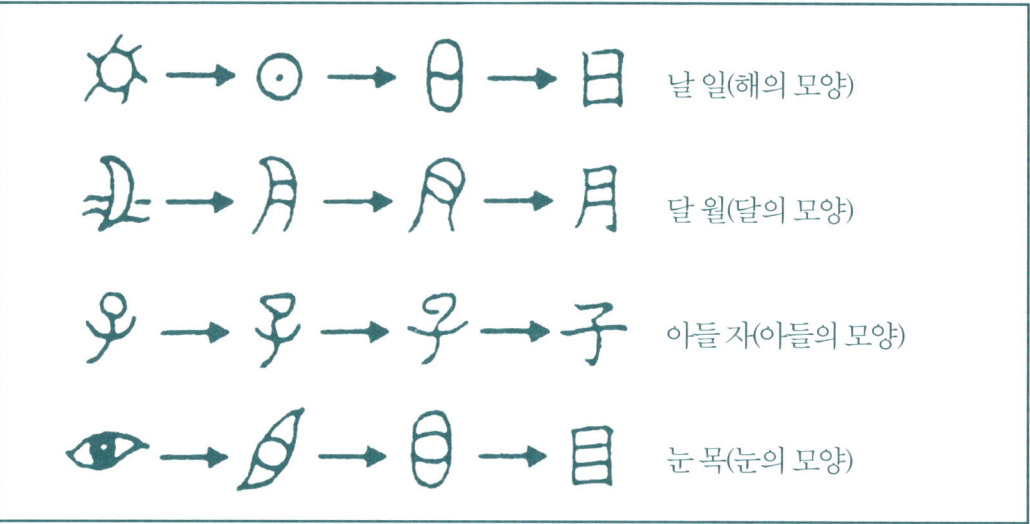

2. 지사문자(指事文字) : 사물의 모양으로 나타낼 수 없는 뜻을 점이나 선 또는 부호로 나타낸 글자

3. **회의문자**(會意文字) : 이미 만들어진 글자를 2개 이상 합한 글자
    人(사람 인) + 言(말씀 언) = 信(믿을 신) : 사람의 말은 믿는다.
    田(밭 전) + 力(힘 력) = 男(사내 남) : 밭에서 힘써 일하는 사람.
    日(날 일) + 月(달 월) = 明(밝을 명) : 해와 달이 밝다.
    人(사람 인) + 木(나무 목) = 休(쉴 휴) : 사람이 나무 아래서 쉬다.

4. **형성문자**(形聲文字) : 뜻을 나타내는 부분과 음을 나타내는 부분을 합한 글자
    口(큰입 구) + 未(아닐 미) = 味(맛볼 미)   左義右音 좌의우음
    工(장인 공) + 力(힘 력) = 功(공 공)   右義左音 우의좌음
    田(밭 전) + 介(끼일 개) = 界(지경 계)   上義下音 상의하음
    相(서로 상) + 心(마음 심) = 想(생각 상)   下義上音 하의상음
    口(큰입 구) + 古(옛 고) = 固(굳을 고)   外義內音 외의내음
    門(문 문) + 口(입 구) = 問(물을 문)   內義外音 내의외음

5. **전주문자**(轉注文字) : 있는 글자에 그 소리와 뜻을 다르게 굴리고(轉)
                      끌어내어(注) 만든 글자
    樂(풍류 악) → (즐길 락 · 좋아할 요)   예) 音樂(음악), 娛樂(오락)
    惡(악할 악) → (미워할 오)   예) 善惡(선악), 憎惡(증오)
    長(긴 장) → (어른 · 우두머리 장)   예) 長短(장단), 課長(과장)

6. **가차문자**(假借文字) : 본 뜻과 관계없이 음만 빌어 쓰는 글자를 말하며 한자의 조사,
                      동물의 울음소리, 외래어를 한자로 표기할 때 쓰인다.
    東天紅(동천홍) → 닭의 울음소리
    然(그럴 연) → 그러나(한자의 조사)
    亞米利加(아미리가) → America(아메리카)
    可口可樂(가구가락) → Cocacola(코카콜라)
    弗(불) → $(달러, 글자 모양이 유사함)
    伊太利(이태리) → Italy(이탈리아)
    亞細亞(아세아) → Asia(아세아)

★ 한자 쓰기의 기본 원칙을 배워요

1. 위에서 아래로 쓴다.
   言(말씀 언) → 一 亠 三 訁 言 言 言
   雲(구름 운) → 一 厂 戸 币 帀 雨 雪 雪 雲 雲 雲

2. 왼쪽에서 오른쪽으로 쓴다.
   江(강 강) → 丶 冫 氵 江 江 江
   例(법식 예) → 丿 亻 仁 佋 佋 例 例 例

3. 가로획과 세로획이 겹칠 때는 가로획을 먼저 쓴다.
   用(쓸 용) → 丿 冂 月 月 用
   共(함께 공) → 一 十 卄 共 共 共

4. 삐침과 파임이 만날 때는 삐침을 먼저 쓴다.
   人(사람 인) → 丿 人
   文(글월 문) → 丶 一 ナ 文

5. 좌우가 대칭될 때에는 가운데를 먼저 쓴다.
   小(작을 소) → 亅 小 小
   承(받들 승) → 乛 了 了 孑 手 承 承 承

6. 둘러 싼 모양으로 된 자는 바깥쪽을 먼저 쓴다.
   同(같을 동) → 丨 冂 冂 同 同 同
   病(병날 병) → 丶 一 广 广 广 疒 疒 病 病 病

7. 글자를 가로지르는 가로획은 나중에 긋는다.
   女(계집 녀) → 乚 夊 女
   母(어미 모) → 乚 夊 乊 乊 母

8. 글자 전체를 꿰뚫는 세로획은 나중에 쓴다.
   車(수레 거) → 一 厂 冂 冃 車 車 車
   事(일 사) → 一 一 戸 戸 亘 写 写 事

8

9. 책받침(辶, 廴)은 나중에 쓴다
   近(원근 근) → ′ ⌒ ⼓ ⼓ ⼳ 斤 沂 近 近
   建(세울 건) → ⼀ ⼕ ⼔ ⺕ ⺕ 聿 聿 津 建 建
   ※ 走(달릴 주), 足(발 족), 是(이 시) 등은 받침을 먼저 쓴다.

10. 오른쪽 위에 점이 있는 글자는 그 점을 나중에 찍는다.
    犬(개 견) → 一 ナ 大 犬
    成(이룰 성) → ノ ⼕ 厂 厅 成 成 成

■ 한자의 기본 점(點)과 획(劃)
   (1) 점
      ① 「′」: 왼점   ② 「ヽ」: 오른점
      ③ 「·」: 오른 치킴   ④ 「ノ」: 오른점 삐침
   (2) 직선
      ⑤ 「一」: 가로긋기   ⑥ 「丨」: 내리긋기
      ⑦ 「⼆」: 평갈고리   ⑧ 「亅」: 왼 갈고리
      ⑨ 「ㄴ」: 오른 갈고리
   (3) 곡선
      ⑩ 「ノ」: 삐침   ⑪ 「′」: 치킴
      ⑫ 「ヽ」: 파임   ⑬ 「辶」: 받침
      ⑭ 「丿」: 굽은 갈고리   ⑮ 「乀」: 지게다리
      ⑯ 「⺄」: 누운 지게다리   ⑰ 「乚」: 새가슴

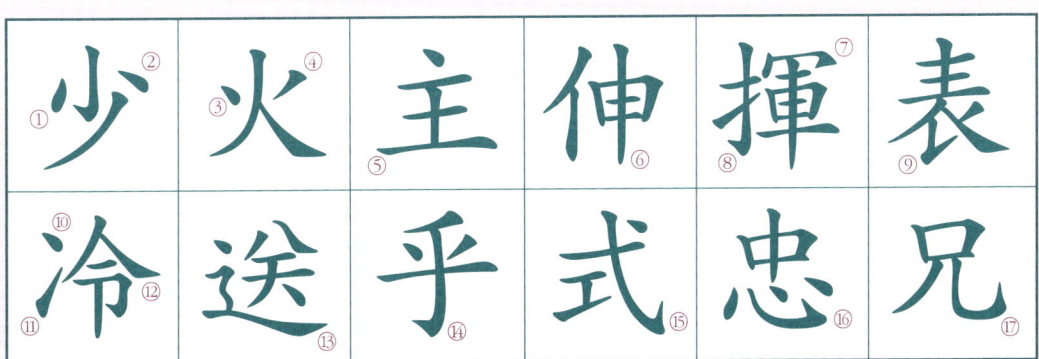

어린이 논어 한글한자 따라쓰기
이렇게 활용하세요!

* 논어는 인문학 최고의 지침서로 꼽는 책입니다. 『사서오경』 중 첫 번째 책으로 꼽히며, 인문학 최고의 지침서로 인정받는 책이 바로 『논어』랍니다. 삶을 통찰하는 최고의 책으로 손꼽히니 여러분의 마음에 새겨서 자신의 것으로 만드는 것이 무엇보다 중요하답니다. 마음에 새겨 놓으면 어떤 일이 닥쳐왔을 때 지혜를 발휘할 수 있기 때문이지요.

* 매일매일 논어 문장을 하나씩 소리 내어 익혀봅시다. 어린이 스스로 학습 시간을 정해서 논어의 문장을 소리 내어 읽고 직접 손으로 쓰면서 마음에 새기도록 합니다. 우리의 생활에 꼭 필요한 내용들을 담고 있기 때문에 내면이 바르고 성숙한 인격체로 성장할 수 있도록 도와줍니다.

* 두뇌 발달과 사고력 증가, 집중력 강화에 좋아요. 우리의 뇌에는 손과 연결된 신경세포가 가장 많습니다. 손가락을 많이 움직이면 뇌세포가 자극을 받아 두뇌 발달을 돕게 됩니다. 어르신들의 치료와 질병 예방을 위해 손가락 운동을 권장하는 것도 뇌를 활성화시키기 위해서랍니다. 많은 연구자들의 결과가 증명하듯 글씨를 쓰면서 학습하면 우리의 뇌가 활성화되고 기억력이 증진되어 학습효과가 월등히 좋아진답니다.

* 혼자서도 맵시 있고, 단정하고, 예쁘고 바른 글씨체를 익힐 수 있습니다. 논어의 문장을 쓰다 보면 삐뚤빼뚤하던 글씨가 가지런하고 예쁜 글씨로 바뀌게 된답니다. 글씨는 예부터 인격을 대변한다고 하잖아요. 명언을 익히면서 가장 효율적인 학습효과를 내는 스스로 학습하는 힘을 길러줌과 동시에 단정하고 예쁜 글씨를 쓸 수 있도록 이끌어 줄 거예요.

學而篇
학이편

學而時習之면 不亦說乎아.
학 이 시 습 지   불 역 열 호

有朋이 自遠方來면 不亦樂乎아.
유 붕   자 원 방 래   불 역 락 호

人不知而不慍이면 不亦君子乎아.
인 부 지 이 불 온   불 역 군 자 호

배우고 때때로 이를 익히면 또한 기쁘지 아니한가. 벗이 있어 먼 곳으로부터 찾아오면 또한 즐겁지 아니한가. 남들이 알아주지 않아도 화내지 않으면 또한 군자가 아니겠는가.

學	而	時	習	之	不	亦	說	乎	有
배울 학	말 이을 이	때 시	익힐 습	갈 지	아닐 불	또 역	기뻐할 열	어조사 호	있을 유

朋	自	遠	方	來	不	亦	樂	乎	人
벗 붕	스스로 자	멀 원	보 방	올 래	아닐 불	또 역	즐거울 락	어조사 호	사람 인

不	知	而	不	慍	不	亦	君	子	乎
아닐 부	알 지	말 이을 이	아닐 불	성낼 온	아닐 불	또 역	임금 군	아들 자	어조사 호

巧言令色이 鮮矣仁이니라.
교 언 영 색　　선 의 인

아첨하는 말과 거짓으로 낯빛을 선한 척하는 사람 중에는 어진 사람이 드물다.

巧	言	令	色	鮮	矣	仁			
공교할 교	말씀 언	하여금 영	빛 색	고울 선	어조사 의	어질 인			
巧	言	令	色	鮮	矣	仁			
공교할 교	말씀 언	하여금 영	빛 색	고울 선	어조사 의	어질 인			

아첨하는 말과 거짓으로 낯빛을 선한 척하는 사람 중에는 어진 사람이 드물다.

간담상조(肝膽相照)
간과 쓸개를 내놓고 서로에게 내보인다는 뜻으로, 서로 마음을 털어놓고 친하게 사귐을 말함.

吾日三省吾身하노니 爲人謀而不忠乎아
與朋友交而不信乎아 傳不習乎아.

오 일 삼 성 오 신　　　위 인 모 이 불 충 호
여 붕 우 교 이 불 신 호　　전 불 습 호

나는 날마다 세 가지 일로 자신을 반성한다. 남을 위해서 일을 하는 데 정성을 다하였는가? 친구를 사귀는 데 신의를 다하였는가? 스승에게 배운 것을 익혀서 실천하였는가?

吾	日	三	省	吾	身	爲	人	謀	而
나 오	날 일	석 삼	살필 성	나 오	몸 신	할 위	사람 인	꾀 모	말 이을 이

不	忠	乎	與	朋	友	交	而	不	信
아닐 불	충성 충	어조사 호	더불 여	벗 붕	벗 우	사귈 교	말 이을 이	아닐 불	믿을 신

乎	傳	不	習	乎
어조사 호	전할 전	아닐 불	익힐 습	어조사 호

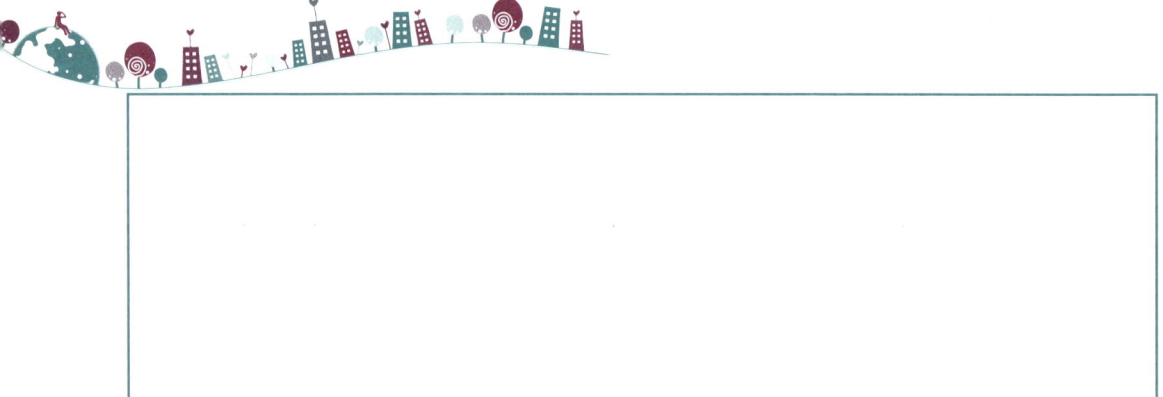

不患人不知己요 患不知人也니라.
불환인부지기 환부지인야

남들이 나를 알아주지 않음을 걱정하지 말고 내가 남을 제대로 알지 못함을 걱정하라.

不	患	人	不	知	己	患	不	知	人	也
아닐 불	근심 환	사람 인	아닐 부	알 지	몸 기	근심 환	아닐 부	알 지	사람 인	어조사 야

不	患	人	不	知	己	患	不	知	人	也
아닐 불	근심 환	사람 인	아닐 부	알 지	몸 기	근심 환	아닐 부	알 지	사람 인	어조사 야

남들이 나를 알아주지 않음을 걱정하지 말고 내가 남을 제대로 알지 못함을 걱정하라.

吾十有五而志于學하고
오 십 유 오 이 지 우 학

三十而立하고 四十而不惑하고
삼 십 이 립   사 십 이 불 혹

五十而知天命하고 六十而耳順하고
오 십 이 지 천 명   육 십 이 이 순

七十而從心所欲하여 不踰矩하라.
칠 십 이 종 심 소 욕   불 유 구

나는 열다섯 살에 학문에 뜻을 두었고, 서른 살에 스스로 섰고, 마흔 살에는 미혹되지 않았고, 쉰 살에는 하늘이 내게 주신 사명을 알았고, 예순 살에는 귀로 듣는 것을 모두 이해할 수 있게 되었고, 일흔 살에는 하고 싶은 대로 해도 법도에 어긋남이 없었다.

吾	十	有	五	而	志	于	學	三	十
나 오	열 십	있을 유	다섯 오	말 이을 이	뜻 지	어조사 우	배울 학	석 삼	열 십

而	立	四	十	而	不	惑	五	十	而
말 이을 이	설 립	넉 사	열 십	말 이을 이	아닐 불	미혹할 혹	다섯 오	열 십	말 이을 이

知	天	命	六	十	而	耳	順	七	十
알 지	하늘 천	목숨 명	여섯 육	열 십	말 이을 이	귀 이	순할 순	일곱 칠	열 십

而	從	心	所	欲	不	踰	矩
말 이을 이	좇을 종	마음 심	바 소	하고자할 욕	아닐 불	넘을 유	모날 구

나는 열다섯 살에 학문에 뜻을 두었고, 서른 살에 스스로 섰고, 마흔 살에는 미혹되지 않았고, 쉰 살에는 하늘이 내게 주신 사명을 알았고, 예순 살에는 귀로 듣는 것을 모두 이해할 수 있게 되었고, 일흔 살에는 하고 싶은 대로 해도 법도에 어긋남이 없었다.

나이를 나타내는 한자

15세 - 지학(志學)

20세 - 약관(弱冠)

30세 - 이립(而立)

40세 - 불혹(不惑)

50세 - 지천명(知天命), 지명(知命)

60세 - 이순(耳順)

61세 - 환갑(還甲), 회갑(回甲)

70세 - 고희(古稀), 종심(從心)

77세 - 희수(喜壽)

88세 - 미수(米壽)

99세 - 백수(白壽)

100세 - 상수(上壽)

溫故而知新이면 可以爲師矣니라.
온고이지신 가이위사의

옛것을 익히고 그것을 미루어서 새것을 알면, 능히 스승이 될 수 있다.

溫	故	而	知	新	可	以	爲	師	矣
따뜻할 온	연고 고	말 이을 이	알 지	새 신	옳을 가	써 이	할 위	스승 사	어조사 의

溫	故	而	知	新	可	以	爲	師	矣
따뜻할 온	연고 고	말 이을 이	알 지	새 신	옳을 가	써 이	할 위	스승 사	어조사 의

옛것을 익히고 그것을 미루어서 새것을 알면, 능히 스승이 될 수 있다.

관포지교(管鮑之交)
관중과 포숙처럼 친구 사이가 다정함을 이르는 말로, 친구 사이의 매우 다정하고 허물없는 교제나 우정이 아주 돈독한 친구 관계, 허물없는 친구 사이를 이르는 말.

君子는 不器니라.
군자　자　불　기

군자는 용도가 한정된 그릇이 아니다.

君	子	不	器						
임금 군	아들 자	아닐 불	그릇 기						

君	子	不	器						
임금 군	아들 자	아닐 불	그릇 기						

군자는 용도가 한정된 그릇이 아니다.

君子는 周而不比하고
군자   주이불비
小人은 比而不周니라.
소인   비이부주

군자는 두루 통하므로 한편에 치우치지 않고, 소인은 한편에 치우치므로 두루 통하지 못한다.

君	子	周	而	不	比	小	人	比	而
임금 군	아들 자	두루 주	말 이을 이	아닐 불	견줄 비	작을 소	사람 인	견줄 비	말 이을 이
不	周								
아닐 부	두루 주								

군자는 두루 통하므로 한편에 치우치지 않고, 소인은 한편에 치우치므로 두루 통하지 못한다.

學而不思則罔하고
학 이 불 사 즉 망
思而不學則殆니라.
사 이 불 학 즉 태

배우기만 하고 생각하지 아니하면 아는 것이 없고, 생각만 하되 배우지 아니하면 위태롭다.

學	而	不	思	則	罔	思	而	不	學
배울 학	말 이을 이	아닐 불	생각 사	곧 즉	없을 망	생각 사	말 이을 이	아닐 불	배울 학
則	殆								
곧 즉	위태할 태								

배우기만 하고 생각하지 아니하면 아는 것이 없고, 생각만 하되 배우지 아니하면 위태롭다.

不仁者는 不可以久處約이며
불인자   불가이구처약

不可以長處樂이니
불가이장처락

仁者는 安仁하고 知者는 利仁이니라.
인자   안인   지자   이인

마음이 어질지 못한 사람은 오랜 역경을 이겨내지 못하고, 또 오랫동안 안락하게 지내지도 못한다. 어진 사람은 인에 안주하고 지혜로운 사람은 인을 이롭게 여긴다.

不	仁	者	不	可	以	久	處	約	不
아닐 불	어질 인	놈 자	아닐 불	옳을 가	써 이	오랠 구	곳 처	맺을 약	아닐 불

可	以	長	處	樂	仁	者	安	仁	知
옳을 가	써 이	길 장	곳 처	즐길 락	어질 인	놈 자	편안 안	어질 인	알 지

者	利	仁							
놈 자	이로울 이	어질 인							

惟仁者이 能好人하며 能惡人이니라.
유인자 능호인 능오인

오직 어진 사람만이 사람을 사랑할 줄도 알고, 또한 미워할 줄도 안다.

惟	仁	者	能	好	人	能	惡	人
생각할 유	어질 인	놈 자	능할 능	좋을 호	사람 인	능할 능	미워할 오	사람 인
惟	仁	者	能	好	人	能	惡	人
생각할 유	어질 인	놈 자	능할 능	좋을 호	사람 인	능할 능	미워할 오	사람 인

오직 어진 사람만이 사람을 사랑할 줄도 알고, 또한 미워할 줄도 안다.

금란지교(金蘭之交)
단단하기가 황금과 같고 아름답기가 난초 향기와 같은 사귐이라는 뜻으로, 두 사람 간에 서로 마음이 맞고 교분이 두터워서 아무리 어려운 일이라도 해 나갈 만큼 우정이 깊은 사귐을 이르는 말.

朝聞道면 夕死可矣니라.
조 문 도　 석 사 가 의

아침에 도를 깨달으면 저녁에 죽어도 좋다.

朝	聞	道	夕	死	可	矣			
아침 조	들을 문	도리 도	저녁 석	죽을 사	옳을 가	어조사 의			
朝	聞	道	夕	死	可	矣			
아침 조	들을 문	도리 도	저녁 석	죽을 사	옳을 가	어조사 의			

아침에 도를 깨달으면 저녁에 죽어도 좋다.

放於利而行이면 多怨이니라.
방 어 리 이 행　　다 원

이익에 따라 행동하면 원한을 사는 일이 많아진다.

放	於	利	而	行	多	怨		
놓을 방	어조사 어	이로울 리	말 이을 이	다닐 행	많을 다	원망할 원		

放	於	利	而	行	多	怨		
놓을 방	어조사 어	이로울 리	말 이을 이	다닐 행	많을 다	원망할 원		

이익에 따라 행동하면 원한을 사는 일이 많아진다.

君子는 喻於義하고 小人은 喻於利니라.
군 자   유 어 의   소 인   유 어 리

군자는 의에 밝고, 소인은 이익에 밝다.

君	子	喻	於	義	小	人	喻	於	利
임금 군	아들 자	깨우칠 유	어조사 어	옳을 의	작을 소	사람 인	깨우칠 유	어조사 어	이로울 리
君	子	喻	於	義	小	人	喻	於	利
임금 군	아들 자	깨우칠 유	어조사 어	옳을 의	작을 소	사람 인	깨우칠 유	어조사 어	이로울 리

군자는 의에 밝고, 소인은 이익에 밝다.

見賢思齊焉하며
견 현 사 제 언
見不賢而內自省也니라.
견 불 현 이 내 자 성 야

어진 사람을 보면 그와 같이 되기를 생각하고, 어질지 못한 사람을 보면 자신 또한 그렇지 않은지 스스로 반성해야 한다.

見	賢	思	齊	焉	見	不	賢	而	內
볼 견	어질 현	생각 사	가지런할 제	어찌 언	볼 견	아닐 불	어질 현	말 이을 이	안 내
自	省	也							
스스로 자	살필 성	어조사 야							

어진 사람을 보면 그와 같이 되기를 생각하고, 어질지 못한 사람을 보면 자신 또한 그렇지 않은지 스스로 반성해야 한다.

父母在어시든 不遠遊하며
부 모 재   불 원 유
遊必有方이니라.
유 필 유 방

부모님이 살아 계실 때는 먼 곳에 가서 놀지 않으며, 놀러 갈 때는 반드시 가는 곳을 알려야 한다.

父	母	在	不	遠	遊	遊	必	有	方
아버지 부	어머니 모	있을 재	아닐 불	멀 원	놀 유	놀 유	반드시 필	있을 유	모 방

父	母	在	不	遠	遊	遊	必	有	方
아버지 부	어머니 모	있을 재	아닐 불	멀 원	놀 유	놀 유	반드시 필	있을 유	모 방

부모님이 살아 계실 때는 먼 곳에 가서 놀지 않으며, 놀러 갈 때는 반드시 가는 곳을 알려야 한다.

德不孤라 必有隣이니라.
덕불고   필유린

덕이 있는 사람은 외롭지 않고 반드시 이웃이 있다.

德	不	孤	必	有	隣				
덕 덕	아닐 불	외로울 고	반드시 필	있을 유	이웃 린				

德	不	孤	必	有	隣				
덕 덕	아닐 불	외로울 고	반드시 필	있을 유	이웃 린				

덕이 있는 사람은 외롭지 않고 반드시 이웃이 있다.

금석지교(金石之交)
금석의 사귐이라는 뜻으로, 쇠와 돌처럼 변함없는 굳은 사귐을 말함.

巧言令色足恭을 左丘明恥之하니
교언영색주공 좌구명치지

丘亦恥之하노라.
구역치지

匿怨而友其人을 左丘明恥之하니
익원이우기인 좌구명치지

丘亦恥之하노라.
구역치지

아첨하는 말과 거짓으로 낯빛을 선한 척하고, 지나치게 공손한 척하는 태도를 좌구명이 부끄럽게 여겼듯이 나 또한 그것을 부끄럽게 여긴다. 또 원한을 감추고 친한 척하는 것을 좌구명이 부끄럽게 여겼듯이 나 또한 그것을 부끄럽게 여긴다.

巧	言	令	色	足	恭	左	丘	明	恥
공교할 교	말씀 언	하여금 영	빛 색	지나칠 주	공손할 공	왼 좌	언덕 구	밝을 명	부끄러울 치

之	丘	亦	恥	之	匿	怨	而	友	其
갈 지	언덕 구	또 역	부끄러울 치	갈 지	숨길 익	원망할 원	말 이을 이	벗 우	그 기

人	左	丘	明	恥	之	丘	亦	恥	之
사람 인	왼 좌	언덕 구	밝을 명	부끄러울 치	갈 지	언덕 구	또 역	부끄러울 치	갈 지

아첨하는 말과 거짓으로 낯빛을 선한 척하고, 지나치게 공손한 척하는 태도를 좌구명이 부끄럽게 여겼듯이 나 또한 그것을 부끄럽게 여긴다. 또 원한을 감추고 친한 척하는 것을 좌구명이 부끄럽게 여겼듯이 나 또한 그것을 부끄럽게 여긴다.

단금지교(斷金之交)
쇠라도 자를 수 있는 굳고 단단한 사귐이란 뜻으로, 매우 친밀하고 두터운 우정을 이르는 말.

質勝文則野요 文勝質則史니
文質이 彬彬然後에 君子니라.

본질이 외면보다 앞서면 저속하고, 외면이 본질보다 앞서면 형식에 흐르게 된다. 외면과 본질이 적절히 조화를 이루어야 군자라 할 수 있다.

質	勝	文	則	野	文	勝	質	則	史
바탕 질	이길 승	글월 문	곧 즉	들 야	글월 문	이길 승	바탕 질	곧 즉	사기 사

文	質	彬	彬	然	後	君	子		
글월 문	바탕 질	빛날 빈	빛날 빈	그럴 연	뒤 후	임금 군	아들 자		

본질이 외면보다 앞서면 저속하고, 외면이 본질보다 앞서면 형식에 흐르게 된다. 외면과 본질이 적절히 조화를 이루어야 군자라 할 수 있다.

知之者는 不如好之者요
지 지 자   불 여 호 지 자
好之者는 不如樂之者니라.
호 지 자   불 여 락 지 자

아는 자는 좋아하는 자만 못하고, 좋아하는 자는 즐기는 자만 못하다.

知	之	者	不	如	好	之	者	好	之
알 지	갈 지	놈 자	아닐 불	같을 여	좋을 호	갈 지	놈 자	좋을 호	갈 지

者	不	如	樂	之	者				
놈 자	아닐 불	같을 여	즐길 락	갈 지	놈 자				

아는 자는 좋아하는 자만 못하고, 좋아하는 자는 즐기는 자만 못하다.

知者는 樂水하고 仁者는 樂山이니
지자   요수   인자   요산

知者는 動하고 仁者는 靜하며
지자   동   인자   정

知者는 樂하고 仁者는 壽니라.
지자   낙   인자   수

지혜로운 사람은 물을 좋아하고, 어진 사람은 산을 좋아한다. 지혜로운 사람은 동적이고, 어진 사람은 정적이다. 지혜로운 사람은 인생을 즐기며 살고, 어진 사람은 장수한다.

知	者	樂	水	仁	者	樂	山	知	者
알 지	놈 자	좋아할 요	물 수	어질 인	놈 자	아할 요	메 산	알 지	놈 자

動	仁	者	靜	知	者	樂	仁	者	壽
움직일 동	어질 인	놈 자	고요할 정	알 지	놈 자	즐길 낙	어질 인	놈 자	목숨 수

三人行(삼인행)에 必有我師焉(필유아사언)이니
擇其善者而從之(택기선자이종지)요
其不善者而改之(기불선자이개지)니라.

세 사람이 함께 길을 가면 그 중에 반드시 나의 스승이 있다. 그 가운데 선한 사람을 가려서 따르고, 좋지 않은 점을 거울삼아 고치도록 한다.

三	人	行	必	有	我	師	焉	擇	其
석 삼	사람 인	다닐 행	반드시 필	있을 유	나 아	스승 사	어찌 언	가릴 택	그 기

善	者	而	從	之	其	不	善	者	而
착할 선	놈 자	말 이을 이	좇을 종	갈 지	그 기	아닐 불	착할 선	놈 자	말 이을 이

改	之								
고칠 개	갈 지								

奢則不孫하고 儉則固니
사 즉 불 손　　　검 즉 고
與其不孫也론 寧固니라.
여 기 불 손 야　　　영 고

사치스러우면 공손함을 잃게 되고 검소하면 고루하기 쉽다. 공손함을 잃기보다는 차라리 고루한 편이 낫다.

奢	則	不	孫	儉	則	固	與	其	不
사치할 사	곧 즉	아닐 불	손자 손	검소할 검	곧 즉	굳을 고	더불 여	그 기	아닐 불
孫	也	寧	固						
손자 손	어조사 야	편안할 영	굳을 고						

사치스러우면 공손함을 잃게 되고 검소하면 고루하기 쉽다. 공손함을 잃기보다는 차라리 고루한 편이 낫다.

興於詩하며 立於禮하며 成於樂이니라.
흥 어 시　　입 어 례　　성 어 악

시로써 감흥을 불러일으키고, 예로써 행동거지를 바르게 세우고, 음악으로써 인격을 완성시킨다.

興	於	詩	立	於	禮	成	於	樂	
일 흥	어조사 어	시 시	설 입	어조사 어	예도 례	이룰 성	어조사 어	노래 악	
興	於	詩	立	於	禮	成	於	樂	
일 흥	어조사 어	시 시	설 입	어조사 어	예도 례	이룰 성	어조사 어	노래 악	

시로써 감흥을 불러일으키고, 예로써 행동거지를 바르게 세우고, 음악으로써 인격을 완성시킨다.

學如不及이요 猶恐失之니라.
학여불급   유공실지

배움은 마치 미치지 못하는 것처럼 하고, 오직 배운 것을 잃어버리지 않을까 걱정하라.

學	如	不	及	猶	恐	失	之
배울 학	같을 여	아닐 불	미칠 급	오히려 유	두려울 공	잃을 실	갈 지

學	如	不	及	猶	恐	失	之
배울 학	같을 여	아닐 불	미칠 급	오히려 유	두려울 공	잃을 실	갈 지

배움은 마치 미치지 못하는 것처럼 하고, 오직 배운 것을 잃어버리지 않을까 걱정하라.

막역지우(莫逆之友)
마음이 맞아 서로 거스름이 없는 친구라는 뜻으로, 허물이 없이 아주 친한 친구를 이르는 말.

苗而不秀者有矣夫며
묘 이 불 수 자 유 의 부
秀而不實者有矣夫인저.
수 이 불 실 자 유 의 부

싹은 틔웠으나 꽃을 못 피우는 자도 있으며, 꽃은 피웠으나 열매를 맺지 못하는 자도 있다.

苗	而	不	秀	者	有	矣	夫	秀	而
모 묘	말 이을 이	아닐 불	빼어날 수	놈 자	있을 유	어조사 의	지아비 부	빼어날 수	말 이을 이

不	實	者	有	矣	夫
아닐 불	열매 실	놈 자	있을 유	어조사 의	지아비 부

싹은 틔웠으나 꽃을 못 피우는 자도 있으며, 꽃은 피웠으나 열매를 맺지 못하는 자도 있다.

後生可畏니
후 생 가 외
焉知來者之不如今也리오.
언 지 내 자 지 불 여 금 야

뒤에 태어난 젊은 사람은 가히 두렵다. 어찌 그들이 지금의 우리만 못하다고 하겠는가.

後	生	可	畏	焉	知	來	者	之	不
뒤 후	날 생	옳을 가	두려워할 외	어찌 언	알 지	올 래(내)	놈 자	갈 지	아닐 불
如	今	也							
같을 여	이제 금	어조사 야							

뒤에 태어난 젊은 사람은 가히 두렵다. 어찌 그들이 지금의 우리만 못하다고 하겠는가.

歲寒然後에 知松栢之後彫也니라.
세한연후 지송백지후조야

날씨가 추워진 뒤에야 소나무와 잣나무가 뒤늦게 시드는 것을 알 수 있다.

歲	寒	然	後	知	松	栢	之	後	彫	也
해 세	찰 한	그럴 연	뒤 후	알 지	소나무 송	측백 백	갈 지	뒤 후	새길 조	어조사 야
歲	寒	然	後	知	松	栢	之	後	彫	也
해 세	찰 한	그럴 연	뒤 후	알 지	소나무 송	측백 백	갈 지	뒤 후	새길 조	어조사 야

날씨가 추워진 뒤에야 소나무와 잣나무가 뒤늦게 시드는 것을 알 수 있다.

知者不惑하고 仁者不憂하고
지 자 불 혹   인 자 불 우
勇者不懼니라.
용 자 불 구

지혜로운 사람은 미혹하는 일이 없고, 어진 사람은 근심하지 않으며, 용기 있는 사람은 두려워하지 않는다.

知	者	不	惑	仁	者	不	憂	勇	者
알 지	놈 자	아닐 불	미혹할 혹	어질 인	놈 자	아닐 불	근심 우	날랠 용	놈 자
不	懼								
아닐 불	두려워할 구								

지혜로운 사람은 미혹하는 일이 없고, 어진 사람은 근심하지 않으며, 용기 있는 사람은 두려워하지 않는다.

過猶不及이니라.
과 유 불 급

지나친 것은 미치지 못한 것과 같다.

過	猶	不	及					
지날 과	오히려 유	아닐 불	미칠 급					
過	猶	不	及					
지날 과	오히려 유	아닐 불	미칠 급					

지나친 것은 미치지 못한 것과 같다.

不踐迹이나 亦不入於室이니라.
불천적 역불입어실

성현의 훌륭한 발자취를 좇지 않으면 성현의 경지에 이르지 못한다.

不	踐	迹	亦	不	入	於	室		
아닐 불	밟을 천	자취 적	또 역	아닐 불	들 입	어조사 어	집 실		
不	踐	迹	亦	不	入	於	室		
아닐 불	밟을 천	자취 적	또 역	아닐 불	들 입	어조사 어	집 실		

성현의 훌륭한 발자취를 좇지 않으면 성현의 경지에 이르지 못한다.

죽마고우(竹馬故友)
대말을 타고 놀던 벗이라는 뜻으로, 어릴 때부터 가까이 지내며 자란 친구를 이르는 말.

顏淵篇
안연편

克己復禮爲仁이니
극 기 복 례 위 인

一日克己復禮면 天下歸仁焉하나니
일 일 극 기 복 례 천 하 귀 인 언

爲仁이 由己니 而由人乎哉아.
위 인 유 기 이 유 인 호 재

자기를 이겨내고, 예로 돌아가는 것이 인이다. 하루라도 자신을 이기고 예로 돌아가면 천하가 인으로 돌아갈 것이다. 인을 행하는 것은 남에게 있는 것이 아니라 자신에게 있느니라.

克	己	復	禮	爲	仁	一	日	克	己
이길 극	몸 기	회복할 복	예도 례	할 위	어질 인	한 일	날 일	이길 극	몸 기

復	禮	天	下	歸	仁	焉	爲	仁	由
회복할 복	예도 례	하늘 천	아래 하	돌아갈 귀	어질 인	어찌 언	할 위	어질 인	말미암을 유

己	而	由	人	乎	哉				
몸 기	말 이을 이	말미암을 유	사람 인	어조사 호	어조사 재				

非禮勿視하며 非禮勿聽하며
비례물시   비례물청
非禮勿言하며 非禮勿動이니라.
비례물언   비례물동

예가 아니면 보지도 말고, 예가 아니면 듣지도 말고, 예가 아니면 말하지도 말고, 예가 아니면 행하지도 말라.

非	禮	勿	視	非	禮	勿	聽	非	禮
아닐 비	예도 례	말 물	볼 시	아닐 비	예도 례	말 물	들을 청	아닐 비	예도 례

勿	言	非	禮	勿	動				
말 물	말씀 언	아닐 비	예도 례	말 물	움직일 동				

예가 아니면 보지도 말고, 예가 아니면 듣지도 말고, 예가 아니면 말하지도 말고, 예가 아니면 행하지도 말라.

浸潤之譖이 膚受之愬不行焉이면
침 윤 지 참   부 수 지 소 불 행 언

可謂明也已矣니라.
가 위 명 야 이 의

浸潤之譖이 膚受之愬不行焉이면
침 윤 지 참   부 수 지 소 불 행 언

可謂遠也已矣니라.
가 위 원 야 이 의

물이 스며드는 것과 같이 깊이 믿도록 하는 은근한 참소와 피부로 느껴질 만큼 절실한 하소연을 물리친다면 사리에 밝다고 할 수 있다. 물이 스며드는 것과 같이 깊이 믿도록 하는 은근한 참소와 피부로 느껴질 만큼 절실한 하소연이 통하지 않아야 비로소 멀리 내다보는 식견이 있다고 말할 수 있다.

浸	潤	之	譖	膚	受	之	愬	不	行
잠길 침	불을 윤	갈 지	참소할 참	살갗 부	받을 수	갈 지	하소연할 소	아닐 불	다닐 행

焉	可	謂	明	也	已	矣	浸	潤	之
어찌 언	옳을 가	이를 위	밝을 명	어조사 야	이미 이	어조사 의	잠길 침	불을 윤	갈 지

譖	膚	受	之	愬	不	行	焉	可	謂
참소할 참	살갗 부	받을 수	갈 지	하소연할 소	아닐 불	다닐 행	어찌 언	옳을 가	이를 위

참소 : 남을 헐뜯어서 죄가 있는 것처럼 꾸며 윗사람에게 고하여 바침.

遠	也	己	矣						
멀 원	어조사 야	이미 이	어조사 의						

물이 스며드는 것과 같이 깊이 믿도록 하는 은근한 참소와 피부로 느껴질 만큼 절실한 하소연을 물리친다면 사리에 밝다고 할 수 있다. 물이 스며드는 것과 같이 깊이 믿도록 하는 은근한 참소와 피부로 느껴질 만큼 절실한 하소연이 통하지 않아야 비로소 멀리 내다보는 식견이 있다고 말할 수 있다.

君子는 和而不同하고
소인 화이부동
小人은 同而不和니라.
소인 동이불화

군자는 사람들과 화합하지만 부화뇌동하지 않고, 소인은 부화뇌동하지만 사람들과 화합하지 못한다.

君	子	和	而	不	同	小	人	同	而
임금 군	아들 자	화할 화	말 이을 이	아닐 부	한가지 동	작을 소	사람 인	한가지 동	말 이을 이
不	和								
아닐 불	화할 화								

군자는 사람들과 화합하지만 부화뇌동하지 않고, 소인은 부화뇌동하지만 사람들과 화합하지 못한다.

부화뇌동(附和雷同) : 줏대 없이 남의 의견에 따라 움직임.

君子는 泰而不驕하고
군 자   태 이 불 교
小人은 驕而不泰니라.
소 인   교 이 불 태

군자는 태연하되 교만하지 않고, 소인은 교만하되 태연하지 못하다.

君	子	泰	而	不	驕	小	人	驕	而
임금 군	아들 자	클 태	말 이을 이	아닐 불	교만할 교	작을 소	사람 인	교만할 교	말 이을 이
不	泰								
아닐 불	클 태								

군자는 태연하되 교만하지 않고, 소인은 교만하되 태연하지 못하다.

切切偲偲하며 怡怡如也면 可謂士矣니
절절시시   이이여야   가위사의
朋友엔 切切偲偲요 兄弟엔 怡怡니라.
붕우   절절시시   형제   이이

간절히 서로 선을 권하고 간곡히 잘못을 고치도록 애쓰며 화평하고 기쁘면 선비라 할 수 있다. 친구에게는 간절히 서로 선을 권하고 잘못을 고치도록 애를 쓰고 형제 사이에는 화합하며 즐겁게 하라.

切	切	偲	偲	怡	怡	如	也	可	謂
끊을 절	끊을 절	굳셀 시	굳셀 시	기쁠 이	기쁠 이	같을 여	어조사 야	옳을 가	이를 위

士	矣	朋	友	切	切	偲	偲	兄	弟
선비 사	어조사 의	벗 붕	벗 우	끊을 절	끊을 절	굳셀 시	굳셀 시	형 형	아우 제

怡	怡								
기쁠 이	기쁠 이								

邦有道엔 危言危行하고
방유도   위언위행

邦無道엔 危行言孫이니라.
방무도   위행언손

나라에 도가 있을 때는 말과 행동을 곧게 해야 하지만, 나라에 도가 없을 때는 행동은 곧게 하되 말은 공손해야 한다.

邦	有	道	危	言	危	行	邦	無	道
나라 방	있을 유	길 도	위태할 위	말씀 언	위태할 위	다닐 행	나라 방	없을 무	길 도

危	行	言	孫
위태할 위	다닐 행	말씀 언	손자 손

나라에 도가 있을 때는 말과 행동을 곧게 해야 하지만, 나라에 도가 없을 때는 행동은 곧게 하되 말은 공손해야 한다.

有德者는 必有言이어니와
유 덕 자   필 유 언

有言者는 不必有德이니라.
유 언 자   불 필 유 덕

仁者는 必有勇이어니와
인 자   필 유 용

勇者는 不必有仁이니라.
용 자   불 필 유 인

덕이 있는 사람은 반드시 훌륭한 말을 하지만, 훌륭한 말을 하는 사람이라고 해서 반드시 덕이 있는 것은 아니다. 어진 사람은 반드시 용기를 갖고 있지만, 용기가 있다고 해서 반드시 어진 것은 아니다.

有	德	者	必	有	言	有	言	者	不
있을 유	덕 덕	놈 자	반드시 필	있을 유	말씀 언	있을 유	말씀 언	놈 자	아닐 불

必	有	德	仁	者	必	有	勇	勇	者
반드시 필	있을 유	덕 덕	어질 인	놈 자	반드시 필	있을 유	날랠 용	날랠 용	놈 자

不	必	有	仁
아닐 불	반드시 필	있을 유	어질 인

덕이 있는 사람은 반드시 훌륭한 말을 하지만, 훌륭한 말을 하는 사람이라고 해서 반드시 덕이 있는 것은 아니다. 어진 사람은 반드시 용기를 갖고 있지만, 용기가 있다고 해서 반드시 어진 것은 아니다.

有	德	者	必	有	言	有	言	者	不
있을 유	덕 덕	놈 자	반드시 필	있을 유	말씀 언	있을 유	말씀 언	놈 자	아닐 불
必	有	德	仁	者	必	有	勇	勇	者
반드시 필	있을 유	덕 덕	어질 인	놈 자	반드시 필	있을 유	날랠 용	날랠 용	놈 자
不	必	有	仁						
아닐 불	반드시 필	있을 유	어질 인						

貧而無怨은 難하고
富而無驕는 易하니라.

빈 이 무 원 난
부 이 무 교 이

가난하면서 원망하지 않는 것은 어렵지만 부자이면서 교만하지 않는 것은 쉽다.

貧	而	無	怨	難	富	而	無	驕	易
가난할 빈	말 이을 이	없을 무	원망할 원	어려울 난	부유할 부	말 이을 이	없을 무	교만할 교	쉬울 이

貧	而	無	怨	難	富	而	無	驕	易
가난할 빈	말 이을 이	없을 무	원망할 원	어려울 난	부유할 부	말 이을 이	없을 무	교만할 교	쉬울 이

가난하면서 원망하지 않는 것은 어렵지만 부자이면서 교만하지 않는 것은 쉽다.

君子는 上達하고 小人은 下達이니라.
군자　　　상달　　　　소인　　하달

군자는 위로 통하고, 소인은 아래로 통한다.

君	子	上	達	小	人	下	達		
임금 군	아들 자	윗 상	통달할 달	작을 소	사람 인	아래 하	통달할 달		

君	子	上	達	小	人	下	達		
임금 군	아들 자	윗 상	통달할 달	작을 소	사람 인	아래 하	통달할 달		

군자는 위로 통하고, 소인은 아래로 통한다.

君子는 恥其言而過其行이니라.
군자 치기언이과기행

군자는 말이 행동보다 앞서는 것을 부끄럽게 여긴다.

君	子	恥	其	言	而	過	其	行
임금 군	아들 자	부끄러울 치	그 기	말씀 언	말 이을 이	지날 과	그 기	다닐 행

君	子	恥	其	言	而	過	其	行
임금 군	아들 자	부끄러울 치	그 기	말씀 언	말 이을 이	지날 과	그 기	다닐 행

군자는 말이 행동보다 앞서는 것을 부끄럽게 여긴다.

不患人之不己知요
불환인지불기지
患其不能也니라.
환기불능야

남이 나를 알아주지 않는다고 걱정하지 말고, 자신의 능력 없음을 걱정해야 한다.

不	患	人	之	不	己	知	患	其	不
아닐 불	근심 환	사람 인	갈 지	아닐 불	몸 기	알 지	근심 환	그 기	아닐 불

能	也
능할 능	어조사 야

남이 나를 알아주지 않는다고 걱정하지 말고, 자신의 능력 없음을 걱정해야 한다.

지기지우(知己之友)
자기를 가장 잘 알아주는 친한 친구라는 뜻으로, 자기의 속마음을 참되게 알아주는 친구를 이르는 말.

賢者는 辟世하고 其次는 辟地하고
其次는 辟色하고 其次는 辟言이니라.

현명한 사람은 도가 행해지지 않는 어지러운 세상을 피하고, 그 다음 가는 사람은 어지러운 나라를 피하고, 그 다음 가는 사람은 무례한 사람을 피하고, 그 다음 가는 사람은 그릇된 말을 피한다.

賢	者	辟	世	其	次	辟	地	其	次
어질 현	놈 자	피할 피	인간 세	그 기	버금 차	피할 피	땅 지	그 기	버금 차

辟	色	其	次	辟	言				
피할 피	빛 색	그 기	버금 차	피할 피	말씀 언				

躬自厚而薄責於人이면
궁 자 후 이 박 책 어 인
則遠怨矣니라.
즉 원 원 의

자신의 잘못은 무겁게 책망하고 남은 가볍게 꾸짖으면 원망이 멀어진다.

躬	自	厚	而	薄	責	於	人	則	遠
몸 궁	스스로 자	두터울 후	말 이을 이	엷을 박	꾸짖을 책	어조사 어	사람 인	곧 즉	멀 원
怨	矣								
원망할 원	어조사 의								

자신의 잘못은 무겁게 책망하고 남은 가볍게 꾸짖으면 원망이 멀어진다.

君子는 求諸己요 小人은 求諸人이니라.
군자   구저기   소인   구저인

군자는 자기 자신에게서 잘못을 찾고 소인은 남에게서 잘못을 찾는다.

君	子	求	諸	己	小	人	求	諸	人
임금 군	아들 자	구할 구	무릇 저	몸 기	작을 소	사람 인	구할 구	무릇 저	사람 인

君	子	求	諸	己	小	人	求	諸	人
임금 군	아들 자	구할 구	무릇 저	몸 기	작을 소	사람 인	구할 구	무릇 저	사람 인

군자는 자기 자신에게서 잘못을 찾고 소인은 남에게서 잘못을 찾는다.

己所不欲을 勿施於人이니라.
기 소 불 욕   물 시 어 인

자기가 원하지 않는 것을 남에게 시키지 마라.

己	所	不	欲	勿	施	於	人		
몸 기	바 소	아닐 불	하고자 할 욕	말 물	베풀 시	어조사 어	사람 인		

己	所	不	欲	勿	施	於	人		
몸 기	바 소	아닐 불	하고자 할 욕	말 물	베풀 시	어조사 어	사람 인		

자기가 원하지 않는 것을 남에게 시키지 마라.

衆惡之라도 必察焉하며
중 오 지   필 찰 언
衆好之라도 必察焉이니라.
중 호 지   필 찰 언

여러 사람들이 그를 미워하여도 반드시 살펴보아야 하고, 여러 사람들이 그를 좋아하여도 반드시 살펴보아야 한다.

衆	惡	之	必	察	焉	衆	好	之	必
무리 중	미워할 오	갈 지	반드시 필	살필 찰	어찌 언	무리 중	좋을 호	갈 지	반드시 필
察	焉								
살필 찰	어찌 언								

여러 사람들이 그를 미워하여도 반드시 살펴보아야 하고, 여러 사람들이 그를 좋아하여도 반드시 살펴보아야 한다.

君子는 不可小知而可大受也요
군자 불가소지이가대수야
小人은 不可大受而可小知也니라.
소인 불가대수이가소지야

군자는 작은 일은 잘 못해도 큰일은 맡아 할 수 있고, 소인은 큰일은 감당하지 못해도 작은 일은 잘할 수 있다.

君	子	不	可	小	知	而	可	大	受
임금 군	아들 자	아닐 불	옳을 가	작을 소	알 지	말 이을 이	옳을 가	클 대	받을 수

也	小	人	不	可	大	受	而	可	小
어조사 야	작을 소	사람 인	아닐 불	옳을 가	클 대	받을 수	말 이을 이	옳을 가	작을 소

知	也
알 지	어조사 야

君子는 貞而不諒이니라.
군자 정이불량

군자는 곧고 바르지만 사소한 신의에 얽매이지 않는다.

君	子	貞	而	不	諒				
임금 군	아들 자	곧을 정	말 이을 이	아닐 불	살펴 알 량				
君	子	貞	而	不	諒				
임금 군	아들 자	곧을 정	말 이을 이	아닐 불	살펴 알 량				

군자는 곧고 바르지만 사소한 신의에 얽매이지 않는다.

益者三友요 損者三友니 友直하며
익 자 삼 우   손 자 삼 우   우 직

友諒하며 友多聞이면 益矣요
우 량   우 다 문   익 의

友便僻하며 友善柔이며
우 편 벽   우 선 유

友便佞이면 損矣니라.
우 편 녕   손 의

유익한 벗이 셋 있고, 해로운 벗이 셋 있다. 정직한 친구, 성실한 친구, 보고 들을 것이 많은 친구는 유익하다. 외모만 중시하는 친구, 아첨하고 비위를 잘 맞추는 친구, 말만 번지르르하고 아는 것이 없는 친구와 사귀면 해롭다.

益	者	三	友	損	者	三	友	友	直
더할 익	놈 자	석 삼	벗 우	덜 손	놈 자	석 삼	벗 우	벗 우	곧을 직

友	諒	友	多	聞	益	矣	友	便	僻
벗 우	살펴 알 량	벗 우	많을 다	들을 문	더할 익	어조사 의	벗 우	편할 편	궁벽할 벽

友	善	柔	友	便	佞	損	矣		
벗 우	착할 선	부드러울 유	벗 우	편할 편	아첨할 녕	덜 손	어조사 의		

유익한 벗이 셋 있고, 해로운 벗이 셋 있다. 정직한 친구, 성실한 친구, 보고 들을 것이 많은 친구는 유익하다. 외모만 중시하는 친구, 아첨하고 비위를 잘 맞추는 친구, 말만 번지르르하고 아는 것이 없는 친구와 사귀면 해롭다.

君子有九思하니 視思明하며
군 자 유 구 사   시 사 명

聽思聰하며 色思溫하며
청 사 총   색 사 온

貌思恭하며 言思忠하며 事思敬하며
모 사 공   언 사 충   사 사 경

疑思問하며 忿思難하며 見得思義니라.
의 사 문   분 사 난   견 득 사 의

군자는 항상 생각하는 바가 아홉 가지 있다. 사물을 볼 때에는 분명하게 볼 것을 생각하고, 나의 말을 들을 때에는 총명하게 들을 것을 생각하고, 안색은 온화하게 할 것을 생각하고, 몸가짐은 공손하게 할 것을 생각하고, 말은 진실하게 할 것을 생각하고, 일은 신중하기를 생각하고, 의심이 들 때에는 물어볼 것을 생각하고, 화가 날 때에는 뒤에 겪을 어려움을 생각하고, 이득을 보았을 때에는 의로운 것인지를 생각한다.

君	子	有	九	思	視	思	明	聽	思
임금 군	아들 자	있을 유	아홉 구	생각 사	볼 시	생각 사	밝을 명	들을 청	생각 사

聰	色	思	溫	貌	思	恭	言	思	忠
귀 밝을 총	빛 색	생각 사	따뜻할 온	모양 모	생각 사	공손할 공	말씀 언	생각 사	충성 충

事	思	敬	疑	思	問	忿	思	難	見
일 사	생각 사	공경 경	의심할 의	생각 사	물을 문	성낼 분	생각 사	어려울 난	볼 견

得	思	義							
얻을 득	생각 사	옳을 의							

唯上知與下愚는 不移니라.
유 상 지 여 하 우 불 이

오직 가장 지혜로운 사람과 가장 어리석은 사람은 변하지 않는다.

唯	上	知	與	下	愚	不	移		
오직 유	윗 상	알 지	더불 여	아래 하	어리석을 우	아닐 불	옮길 이		
唯	上	知	與	下	愚	不	移		
오직 유	윗 상	알 지	더불 여	아래 하	어리석을 우	아닐 불	옮길 이		

오직 가장 지혜로운 사람과 가장 어리석은 사람은 변하지 않는다.

道聽而塗說이면 德之棄也니라.
도청이도설 덕지기야

길에서 들은 이야기를 길에서 이야기해 버리는 것은 덕을 버리는 것과 같다.

道	聽	而	塗	說	德	之	棄	也
길 도	들을 청	말 이을 이	길 도	말씀 설	덕 덕	갈 지	버릴 기	어조사 야
道	聽	而	塗	說	德	之	棄	也
길 도	들을 청	말 이을 이	길 도	말씀 설	덕 덕	갈 지	버릴 기	어조사 야

길에서 들은 이야기를 길에서 이야기해 버리는 것은 덕을 버리는 것과 같다.

君子義以爲上이니 君子有勇而無義면
군 자 의 이 위 상   군 자 유 용 이 무 의
爲亂이요 小人이 有勇而無義면 爲盜니라.
위 란   소 인   유 용 이 무 의   위 도

군자는 의를 으뜸으로 여기니, 군자가 용맹스러움만 있고 의가 없으면 난을 일으키고, 소인이 용맹스러움만 있고 의가 없으면 도둑질을 하게 된다.

君	子	義	以	爲	上	君	子	有	勇
임금 군	아들 자	옳을 의	써 이	할 위	윗 상	임금 군	아들 자	있을 유	날랠 용

而	無	義	爲	亂	小	人	有	勇	而
말 이을 이	없을 무	옳을 의	할 위	어지러울 란	작을 소	사람 인	있을 유	날랠 용	말 이을 이

無	義	爲	盜
없을 무	옳을 의	할 위	도둑 도

士見危致命하며 見得思義하며
사 견 위 치 명　　　견 득 사 의
祭思敬하며 喪思哀면 其可已矣니라.
제 사 경　　　상 사 애　　기 가 이 의

선비는 나라가 위태롭고 위기에 처하면 목숨을 바치고, 이익이 되는 일이 눈앞에 나타나면 도리에 맞는지를 생각하며, 제사를 지낼 때는 공경함을 생각하고, 상을 당했을 때는 슬픔을 생각한다면 됐다고 할 수 있다.

士	見	危	致	命	見	得	思	義	祭
선비 사	볼 견	위태할 위	이를 치	목숨 명	볼 견	얻을 득	생각 사	옳을 의	제사 제

思	敬	喪	思	哀	其	可	已	矣	
생각 사	공경 경	잃을 상	생각 사	슬플 애	그 기	옳을 가	이미 이	어조사 의	

小人之過也는 必文이니라.
소인지과야 필문

소인은 잘못을 저지르면 반드시 꾸며댄다.

小	人	之	過	也	必	文
작을 소	사람 인	갈 지	지날 과	어조사 야	반드시 필	글월 문
小	人	之	過	也	必	文
작을 소	사람 인	갈 지	지날 과	어조사 야	반드시 필	글월 문

소인은 잘못을 저지르면 반드시 꾸며댄다.

君子는 信而後에 勞其民이니
군자   신이후   노기민
未信則以爲厲己也니라.
미신즉이위려기야
信而後에 諫이니 未信則以爲謗己也니라.
신이후   간   미신즉이위방기야

군자는 신뢰를 얻은 후에 그 백성들을 부려야 한다. 신뢰를 얻지 못한 상태에서 백성들을 부리면, 자기를 학대한다고 생각한다. 또한 아랫사람도 신임을 받은 후에 간언을 해야 한다. 신임을 받지 못한 상태에서 간언하면 자기를 비방한다고 생각한다.

君	子	信	而	後	勞	其	民	未	信
임금 군	아들 자	믿을 신	말 이을 이	뒤 후	일할 노	그 기	백성 민	아닐 미	믿을 신

則	以	爲	厲	己	也	信	而	後	諫
곧 즉	써 이	할 위	갈 려	몸 기	어조사 야	믿을 신	말 이을 이	뒤 후	간할 간

未	信	則	以	爲	謗	己	也		
아닐 미	믿을 신	곧 즉	써 이	할 위	헐뜯을 방	몸 기	어조사 야		

군자는 신뢰를 얻은 후에 그 백성들을 부려야 한다. 신뢰를 얻지 못한 상태에서 백성들을 부리면, 자기를 학대한다고 생각한다. 또한 아랫사람도 신임을 받은 후에 간언을 해야 한다. 신임을 받지 못한 상태에서 간언하면 자기를 비방한다고 생각한다.

과유불급
過猶不及

지나친 것은 미치지 못한 것과 같다.

자공(子貢)이 공자(孔子)에게 물었다.
"사(師, 자장)와 상(商, 자하)은 어느 쪽이 어집니까?"
공자가 대답하였다.
"사는 지나치고 상은 미치지 못한다."
"그럼 사가 낫단 말씀입니까?"
"지나친 것은 미치지 못한 것과 다를 바가 없다."

– 논어 선진편

덕불고필유린
德不孤必有隣

덕은 외롭지 않으며 반드시 이웃이 있다.

공자(孔子)가 말하였다.
"덕은 외롭지 않으며 반드시 이웃이 있다."

― 논어 이인편

삼인행필유아사언
三人行必有我師焉

세 사람이 길을 가면 반드시 스승으로 삼아
배울 만한 사람이 있다.

공자(孔子)가 말하였다.
"세 사람이 길을 가면 그중 반드시 나의 스승으로 삼아 배울 만한 사람이 있으니, 그 중에 선한 자를 가려서 따르고 선하지 못한 자를 가려서 자신의 잘못을 고쳐야 한다."

– 논어 술이편

세한송백
歲寒松柏

추운 계절이 되어야만 소나무와 잣나무의 푸른 기상을 깨닫게 된다.

어렵고 힘든 상황이 되어야만 굳은 지조와 굳센 절개를 지닌 사람과 그렇지 않은 사람이 구별된다는 뜻으로 소나무와 잣나무와 같은 기백과 지조를 지닌 사람을 송백지교(松柏之操)라고도 한답니다.

— 논어 자한편

조문도석사가의
朝聞道夕死可矣

아침에 도를 들으면 저녁에 죽어도 좋다.

참된 이치를 깨달으면 죽어도 여한이 없다는 것을 비유하는 말이에요.

– 논어 이인편

지지자불여호지자
호지자불여락지자

知之者不如好之者
好之者不如樂之者

아는 사람은 좋아하는 사람만 못하고,
좋아하는 사람은 즐기는 사람만 못하다.

피할 수 없으면 즐겨라.
아는 자는 결코 좋아하는 사람을 이길 수 없고, 좋아하는 자는 결코 즐기는 자를 이길 수 없으니 어떤 일이든 즐기면서 하는 사람이 승리한다는 의미랍니다.

― 논어 옹야편